Mormors lækre opskrifter
Bogen er sat med Calibri
© 2021 Pedersen, Elsemarie
Forlag: BoD – Books on Demand, Hellerup, Danmark
Tryk: BoD – Books on Demand, Norderstedt, Tyskland
ISBN: 9788743032649

Indholdsfortegnelse

Ananaskage

Antal personer 12.

Ingredienser:

- 200 g smør
- 225 g sukker
- 3 æg
- 375 g ananas fra dåse
- 1 tsk. Vaniljesukker
- 225 g hvedemel
- 1 ½ tsk. Bagepulver
- Flormelis

Sådan gør du:

1. Rør sukker godt og rør æggene i en ad gangen.

2. Skær ananaskødet i små stykker og rør det forsigtigt i dejen sammen med vaniljesukkeret.

3. Bland hvedemel og bagepulver, vend det forsigtigt i.

4. Kom dejen i en bradepande beklædt med bagepapir.

Fortsættes næste side…

Bagetid: 20-25 min ved 190 grader på næstnederste rille i
ovnen.

Sigt et tyndt lag flormelis over, når kagen kommer ud
af ovnen.

Appelsinfromage

Antal personer 4.

Ingredienser:

- 2 appelsiner
- 4 blade husblas
- 4 æggehvider
- 2,5 dl piskefløde
- 4 æggeblommer
- 100 g sukker

Pynt:

- 2,5 dl piskefløde

Sådan gør du:

1. Pres saften af appelsinerne.

2. Læg husblas i koldt vand.

3. Pisk æggehviderne stive.

4. Pisk fløden til flødeskum.

5. Pisk æggeblommer og sukker hvidt.

Fortsættes næste side…

6. Den udblødte husblas smeltes forsigtigt i 2 spsk.
    Appelsinsaft i et vandbad i en gryde.

7. Hæld den resterende appelsinsaft i og rør sammen.

8. Hæld det op i æggeblommerne og rør det hele godt
    sammen.

9. Derefter vendes flødeskummet forsigtigt i.

10. Derefter vendes de stiftpiskede hvider i.

11. Fromagen hældes i en skål og stilles i køleskabet i et par
    timer til fromagen er stiv.

Pynt: Pisk fløden til flødeskum og server den til.

Bacon bøf med kold kryddersauce og ristede kartofler

Antal personer 4.

Ingredienser:

- 500 g hakket oksekød
- 2 tsk. Dijonsennep
- 125 g bacon i skiver
- Peberfrugt

Kryddersauce:

- 3 dl yoghurt naturel
- 1 spsk. Frisk basilikum
- 1 spsk. Frisk persille
- 1 spsk. Frisk purløg
- 1 tsk. Paprika
- Salt
- Peber

- 1000 g kogte kolde kartofler

Fortsættes næste side...

Sådan gør du:

1. Form kødet til 4 store, lidt flade bøffer.

2. Smør et tyndt lag Dijonsennep på oversiden og vikl 2 skiver bacon over kors om hver.

3. Brun bøfferne på hver side.

Kryddersauce:

1. Rør yoghurten med de hakkede krydderurter og smag til med paprika, salt og peber.

2. Rist kartoflerne på panden, mens bøfferne hviler.

Bacon bøffer på stegte kartofler

Antal personer 4.

Ingredienser:

Flødekartofler:

- 1000 g kartofler
- Salt
- Peber
- 3 dl kaffefløde

Sådan gør du:

1. Kartoflerne skrælles, skæres i tynde skiver og lægges i et ildfast fad, drys med salt.

2. Hæld fløde over.

3. Steges på en rist, nederste rille i ovnen ved 200 grader i 40 min.

Bacon bøffer:

- 1 stort løg
- 200 g champignon
- 25 g smør
- 600 g hakket oksekød
- 6 spsk. Rasp

Fortsættes næste side...

- 1 dl kaffefløde
- 1 tsk. Salt
- 0,5 tsk. Peber
- 2 spsk. Hvedemel
- 1 æg
- Timian, tørret
- 10 skiver bacon
- 25 g smør

Sådan gør du:

1. Raspen overhældes med vand, kaffefløde og skal trække i 10 min.

2. Svits det hakkede løg og champignon i lidt smør.

3. Bland rasp, kød, mel, æg salt, timian og rør det til en ensartet fars.

4. Kødet formes til 8 ovale bøffer.

5. Der vikles en skive bacon omkring.

6. Bøfferne brunes godt af, 2-3 min på hver side.

7. Bøfferne lægges på flødekartoflerne, sættes i ovnen igen på mellemste rille i ca. 10 min til kartoflerne er møre.

8. Skivede tomater lægges ovenpå, en skive ost og et drys paprika.

9. Sættes i ovnen igen til osten er smeltet.

Baconruller

Antal personer 4.

Ingredienser:

- Ca. ¾ kg skrællede kartofler
- 2-4 porre
- Salt
- Ca. 3 dl bouillon

Baconruller:

- 400 g hakket oksekød
- 400 g hakket flæskekød
- 1 æg
- 2 mellemstore kogte kartofler
- 1 dl fløde
- Salt
- Peber
- 8 skiver bacon

Sådan gør du:

1. Skær de skrallede kartofler i meget tynde skiver.

2. Skær porrerne i 1 cm brede stykker.

Fortsættes næste side...

3. Læg begge dele i et smurt ildfast fad og hæld bouillonen over.

4. Dæk fadet med folie og sæt det i ovnen ved 200 grader i 20 min.

5. Tilbered baconrullerne imens.

6. Ælt kødet med æg, mosede kartofler og så meget fløde at farsen er ret fast.

7. Tilsæt krydderier.

8. Form farsen til 8 aflange ruller og læg en bacon skive uden om hver.

9. Fjern folien fra fadet og læg baconrullerne med sammenføjningerne nedad.

10. Sæt fadet i ovnen i ca. 20-30 min til rullerne er gennemstegt og bacon gyldent.

Banan chokoladekage

Antal personer 10.

Ingredienser:

- 100 g margarine
- 120 g sukker
- 2 æg
- 2 bananer
- 100 g mandler
- 100 g mørk chokolade 44%
- 300 g hvedemel
- 3 tsk. Bagepulver
- 1 dl sødmælk

Sådan gør du:

1. Margarine og sukker piskes godt sammen.
1. Rør et æg i af gangen.
2. Hak mandler og chokolade.
3. Smør eller beklæd en springform på 24 cm.

Bagetid: Ca. 45 grader ved 175 grader.

Banankage 2

Antal personer 6.

Ingredienser:

- 150 g smør
- 150 g sukker
- 3 æg
- 1 tsk. Natron
- 2 tsk. Bagepulver
- 1 tsk. Vaniljepulver
- 2 tsk. Kanel
- 150 g hvedemel
- 2-3 bananer
- 300 g mørk chokolade

Sådan gør du:

1. Smør og sukker piskes luftigt.

2. De 3 æg tilsættes et af gangen.

3. De tørre produkter blandes og sigtes i massen.

4. Herefter moses banerne og den mørke chokolade sammen og vendes i.

Bagetid: Ca. 30 min ved 180 grader.

Bladankage (grøn kage)

Ingredienser:

- 250 g blød margarine
- 250 g sukker
- 4 æg
- 250 g hvedemel
- 1 dl mælk
- 10 g bagepulver
- 1 spsk. Mandelessens
- 1 flaske grøn frugtfarve

Sådan gør du:

1. Margarine og sukker røres godt sammen.

2. Tilsæt et æg ad gangen og rør godt mellem hver.

3. Tilsæt hvedemel skiftevis med mælken.

4. Tilsæt bagepulver, mandelessens og frugtfarve.

5. Det hele røres godt sammen og hældes i en ikke alt for stor bradepande beklædt med bagepapir.

Bagetid: 40 min ved 170 grader.

Boller

Antal 16.

Ingredienser:

- 4 dl mælk
- 50 g gær
- 1 dl olie
- 50 g sukker
- 650 g hvedemel
- ½ tsk. Salt

Sådan gør du:

1. Varm mælken op så den er lillefinger varmt.

2. Opløs gæren deri.

3. Tilsæt olie og sukker.

4. Kom resten af ingredienserne i og kør dejen blød og fugtig.

5. Lad dejen hæve lunt og tildækket i 20 min.

6. Slå dejen ned og del den i 16 stykker.

7. Lad efterhæve tildækket i 1 time.

Bagetid: Ca. 12 min ved 225 grader.

Boller i karry

Antal personer 4.

Ingredienser:

- 500 g hakket svinekød
- 5 spsk. Hvedemel
- 1 æg
- 1 løg
- 2,5 dl sødmælk
- Salt
- Peber

Sovs:

- 3 spsk. Smør
- 1 spsk. Karry
- 0,5 spsk. Gurkemeje
- 3 spsk. Hvedemel
- 4 dl kogevand
- 2 dl sødmælk
- Salt
- Peber

Fortsættes næste side...

Sådan gør du:

1. Rør det hakkede kød sejt med lidt salt.

2. Tilsæt fintrevet løg, hvedemel, æg og peber og rør godt.

3. Tilsæt mælk til konsistensen passer, så den kan formes til boller.

4. Kog bollerne i letsaltet vand i 7-10 min.

5.

   Sovs:

6. Smelt smørret og svits karry heri.

7. Rør melet i og spæd til med væde lidt ad gangen.

8. Kog igennem og smag til med salt og peber.

9. Bland bollerne i sovsen og varm igennem.

Servering: Løse ris.

Broccolisalat med bacon

Antal personer 4.

Ingredienser:

- 125 g bacon i skiver
- 400 g broccoli
- 50 g rødløg
- 60 g solsikkekerner

Dressing:

- 2,5 dl. Cheasy fraiche 9 %
- 0,5 tsk. citronsaft, friskpresset
- 1 tsk. Balsamico, lys
- 1 tsk. sukker
- 0,25 tsk. salt

Sådan gør du:

1. Klip eller skær bacon i mindre stykker.

2. Steg den meget sprød derefter hæld dem på en tallerken med køkkenrulle.

3. Del broccolien i små buketter.

4. Overhæld broccolien med kogende vand og lad dem trække i et par minutter til den er dejlig grøn.

Fortsættes næste side...

5. Lad dem dryppe af i en si.

6. Vend derefter den syrnede fløde sammen med citron,
    balsamico, sukker, salt og smag til.

7. Tilsæt så finthakket løg, bacon og de øvrige ingredienser og
    rør godt rundt.

8. Vend broccolien i til sidst.

Brownies

Ingredienser:

- 400 g smør
- 250 g kogechokolade
- 6 æg
- 4 ½ dl sukker
- 4 ½ spsk. Kakaopulver
- 4 dl hvedemel

Sådan gør du:

1. Smelt smør og chokolade i en gryde ved svag varme.

2. Lad det køle af.

3. Pisk æg og sukker.

4. Bland kakao og hvedemel sammen og vend det i æg.

5. Vend den afkølede chokolade masse i.

6. En bradepande smøres eller beklædes med bagepapir.

Bagetid: Ca. 30 min ved 180 grader.

Butterdejspakker med oksekød

Antal personer 1.

Ingredienser:

- 1 løg
- 250 g hakket oksekød
- 35 g tomatpure
- Salt
- Peber
- Oregano
- 1 dl vand
- 1 spsk. Olie
- 3 butterdejsplader

Sådan gør du:

1. Olien opvarmes i en gryde, tilsæt finthakket løg og lad det stege i ca. 2 min.

2. Kom kødet i gryden og brun det.

3. Tilsæt tomatpure, krydderier, vand og lad det småkoge i ca. 10 min.

4. Når blandingen er afkølet, rulles butterdejen ud.

5. Skær butterdejen i firkanter.

Fortsættes næste side...

6. Kom en skefuld fyld i midten og lav en trekant ud af hver
   butterdejsplade.

7. Tryk kanterne med en gaffel og pensel dem med æg.

Bagetid: 20-25 min ved 200 grader.

Butterdejssnegle med champignon, skinke og flødeost

Antal 24 stk.

Ingredienser:

- 1 plade fersk butterdej
- 175 g skinke strimler
- 200 g flødeost neutral
- 4-5 champignoner
- ½ løg
- Salt
- Peber
- 1 æg

Sådan gør du:

1. Tænd ovnen på 180 grader.

2. Hak løg og champignon i små stykker.

3. Rør skinke, champignon, løg og flødeost sammen med lidt salt og peber.

4. Smør mikset ud på butterdejspladen og rul den til en pølse.

5. Skær den i 20-24 skiver og kom dem på en bageplade og tryk dem lidt ned.

Fortsættes næste side…

6. Pensel dem med letpiskede æg.

Bagetid: 15-20 min. Ved 180 grader.

Butterdejssnitter

Antal 12 stk.

Ingredienser:

- ¾ dl hvedemel
- 35 g blødt smør
- 1 spsk. Sukker
- 1 pk. Butterdejsplader (ca. 300 g)
- 6 spsk. Marmelade

Sådan gør du:

1. Tag bageristen ud af ovnen og varm ovnen op til 200 grader.

2. Kom hvedemel, smør og sukker i en skål og bland det til at det smuldre.

3. Rul butterdejen ud og skær 12 lige store firkanter.

4. Fordel marmeladen på hver firkant, drys med smuldredej.

Bagetid: 15-20 min ved 200 grader

Bær kage

Antal personer 6.

Ingredienser:

- 350 g bær (Jordbær kan anbefales)
- 352 g sukker
- 200 g margarine
- 2 æg
- 125 g hvedemel
- 100 g havregryn

Sådan gør du:

1. Tænd ovnen på 175 grader.

2. Put bærrene i et fad og drys 125 g sukker over dem.

3. Stil fadet væk.

4. Margarinen piskes med resten af sukkeret.

5. Tilsæt æggene et ad gangen.

6. Tilsæt hvedemel og havregryn.

7. Put dejen over bærrene i fadet.

Bagetid: 1 time ved 175 grader.

Cheeseburger ret

Antal personer 4.

Ingredienser:

- 500 g hakket oksekød
- 10 saltkiks
- 1 dl ketchup
- 2 dl revet cheddar ost
- 2 tsk. Workchestshire sauce
- 1 pisket æg

Sådan gør du:

1. Knus kiksene.

2. Bland resten af ingredienserne i.

3. Pres kød blandingen i en rugbrødsform.

Bagetid: ca. 40 min ved 200 grader.

4. Tag kødet ud af ovnen.

5. Fordel ketchup og derefter revet ost.

6. Bages yderligere 5 min til osten er smeltet.

Chokoladedrømmekage

Ingredienser:

Dejen:

- 2 dl mælk
- 1 tsk. Vaniljesukker
- 50 g smør
- 5 spsk. Kakaopulver
- 4 æg
- 1 tsk. Bagepulver
- 250 g hvedemel
- 300 g sukker

Sådan gør du:

1. Tænd ovnen på 200 grader.

2. Smelt smørret og tilsæt mælken.

3. Pisk æg og sukker sammen til det bliver hvidt og luftigt.

4. Rør kakaopulver, hvedemel, bagepulver og vaniljesukker sammen.

5. Tilsæt det lidt af gangen til æggemassen.

6. Smør et ildfast fad på 40x25 cm.

Fortsættes næste side...

Bagetid: 20-25 min ved 200 grader.

Topping:

- 6 spsk. Kakaopulver
- 375 g brun farin
- 180 g smør
- 150 g kokosmel
- 1 dl mælk

Sådan gør du:

1. Bland alle ingredienserne i en gryde og varm det langsomt op.

2. Husk at røre i gryden så det ikke brænder på.

3. Når kagen er færdig, hælder du topping på og lader den køle af.

Chokolade muffins

Antal 24 stk.

Ingredienser:

- 6 spsk. Kakao
- 200 g sukker
- 3 dl sødmælk
- 200 g smør
- 2 spsk. Vaniljesukker
- 2 æg
- 300 g hvedemel
- 2 tsk. Bagepulver

Sådan gør du:

1. Kog kakao, sukker og mælk op.

2. Rør sukker, smør, vaniljesukker og æg sammen.

3. Bland de 2 masser sammen og rør hvedemel og bagepulver i.

4. Hældes i muffins forme.

Bagetid: 10-12 minutter ved 225 grader.

Chokoladekage 2

Antal personer 12.

Dej:

- 6 spsk. Kakao
- 250 g hvedemel
- 300 g sukker
- 1 tsk. Natron
- 1 tsk. Bagepulver
- 1 knsp. Salt
- 2 æg
- 150 g smør
- 2,5 dl vand

Sådan gør du:

1. Pisk smør og sukker hvidt.

2. Tilsæt et æg ad gangen.

3. Tilsæt resten af ingredienserne.

4. Dejen hældes i en mellemstor beklædt bradepande.

Bagetid: 30 min ved 170 grader.

Fortsættes næste side...

Glasur:

- 3 spsk. Kakao
- 200 g flormelis
- 2 spsk. Smør
- 2 tsk. Kanel
- 0,5 dl. Sødmælk.

Sådan gør du:

Alle ingredienserne blandes sammen og smøres på den kolde kage.

Chokoladekage 3

Ingredienser:

- 250 g. hvedemel
- 300 g sukker
- 6 spsk. Kakaopulver
- 1 tsk. Natron
- 1 tsk. Bagepulver
- 1 knsp. Salt
- 2 æg
- 150 g smør
- 2 ½ dl vand

Sådan gør du:

1. Tænd ovnen på 170 grader.

2. Rør smør og sukker sammen med en håndmikser, til det er hvidt.

3. Tilsæt æggene et af gangen.

4. Tilsæt de øvrige ingredienser og rør dejen jævn.

5. Hæld dejen op i en smurt eller beklædt med bagepapir bradepande.

6. Bag kagen på midterst rille i ovnen i ca. 35 min.

Fortsættes næste side...

Glasur:

- 200 g flormelis
- 3 spsk. Kakaopulver
- 2 spsk. Smør
- 30-40 ml. mælk

Sådan gør du:

1. Kakao, flormelis, blødt smør og lun mælk blandes, så den er tyk.

2. Smøres på kagen, når kagen er kold.

Chokoladekage med Nutella

Antal personer 6.

Ingredienser:

- 1 æg
- 87,5 g hvedemel
- 2,5 g vaniljesukker
- 2,5 g bagepulver
- 1,5 spsk. Kakao
- 2 spsk. Nutella
- 50 g smeltet smør
- 0,25 dl mælk

Sådan gør du:

1. Æg og sukker piskes hvidt.

2. De andre ingredienser kommes i og rører sammen.

Bagetid: Ca. 25 min ved 190 grader.

Chokoladekage med skumfiduser

Antal 20 stk.

Ingredienser:

Chokoladekage:

- 150 g hvedemel
- 300 g sukker
- 75 g kakao
- 1 tsk. Natron
- 1 tsk. Bagepulver
- 2 tsk. Vaniljesukker
- 4 dl kærnemælk
- 2 æg
- 125 g smør

Sådan gør du:

1. Bland hvedemel, sukker, kakao, natron, bagepulver og vaniljesukker i en skål.

2. Tilsæt kærnemælk og pisk det sammen.

3. Kog smørret op og rør det forsigtigt i dejen.

4. Kom dejen i en beklædt bradepande.

Bagetid: Ca. 30 min ved 175 grader.

Fortsættes næste side…

Ingredienser:

Skumfidus-glasur:

- 125 g smør
- 1 dl kærnemælk
- 30 g kakao
- 1 tsk. Vaniljesukker
- 500 g flormelis
- 1 pose små skumfiduser (120 g)

Sådan gør du:

1. Bland smør, kærnemælk og kakao i en gryde og varm det op under omrøring.

2. Tag gryden fra blusset og pisk vaniljesukker og flormelis i blandingen.

3. Vend forsigtigt skumfiduserne i blandingen og hæld den på den varme kage.

4. Lad kage og glasur køle af, inden du skærer kagen ud.

Cornflakes småkager

Antal 18 stk.

Ingredienser:

- 150 g cornflakes
- 60 g hvedemel
- 1 tsk. Bagepulver
- 1 nip salt
- 125 g smør
- 125 g sukker
- 1 tsk. Vaniljesukker
- 1 æg

Sådan gør du:

1. Pisk smør, sukker, vaniljesukker til en creme.

2. Pisk ægget i.

3. Rør 1/3 af de knuste cornflakes, hvedemel, bagepulver og salt i.

4. Form dejen til kugler på hasselnødstørrelse med to teskeer.

5. Vend kuglerne i resten af de knuste cornflakes og sæt dem på en plade med bagepapir.

6. Der skal være god afstand mellem kuglerne.

Bagetid: 12-14 min ved 170 grader.

Cremet pastasalat med bacon

Antal personer 4.

Ingredienser:

- 2 pk. bacon i tern
- 500 gr. Pasta penne eller skruer
- 250 gr. Ærter
- 2 ds. majs.
- 2 løg eller rødløg, finthakkede

Dressing:

- 1/2 L creme fraiche
- Saften af 1/2 citron
- 2 tsk. Dijon sennep
- 2 pk. valgfri dip mix eller dressing mix
- 2 tsk.
- Salt
- Peber

Sådan gør du:

1. Bacon steges sprødt på panden og afdryppes på lidt køkkenrulle.

2. Pastaen koges efter anvisning på posen og afdryppes i en sigte.

3. Bacon, pasta, ærter, majs og finthakket rødløg blandes i en stor skål.

4. Alle ingredienserne til dressingen røres sammen.

Fortsættes næste side…

5. Hæld dressingen over salaten og rør det hele godt sammen,
   så dressingen fordeles jævnt.

6. Lad pastasalaten trække på køl et par timer inden servering
   og server gerne med groft brød.

Drømmekage

Antal personer 12.

Dej:

- 250 g hvedemel
- 50 g smør
- 250 g sukker
- 4 æg
- 2 dl sødmælk
- 3 tsk. Bagepulver
- 2 tsk. vaniljesukker

Sådan gør du:

1. Smør og sukker piskes hvid.

2. Tilsæt et æg ad gangen.

3. Tilsæt de øvrige ingredienser.

Bagetid: Ca. 20 min ved 200 grader

Fortsættes næste side…

Fyld:

- 120 g smør
- 100 g kokosmel
- 250 g brun farin
- 0,5 dl sødmælk
- Det hele smeltes i en gryde

Sådan gør du:

1. Kagen tages ud og fyldet kommes på.

2. Efter bages i 10 min.

Dådyr millionbøf

Antal personer 4.

Ingredienser:

- 500 g hakket dådyr kød
- 50 g smør
- 1 hakket løg
- 2 spsk. Tomatpure
- 2-3 dl vand
- Salt
- Peber

Sådan gør du:

1. Smør brunes i en gryde.

2. Dådyrkødet svitses sammen med løget og det hele brunes godt igennem.

3. Tomatpure tilsættes sammen med salt, peber og vand.

4. Efter at have simret i 20-25 min jævnes sauce og kulør tilsættes.

Servering: Kartoffelmos eller pasta.

Fars i fad

Antal personer 4.

Ingredienser:

- 500 g hakket gris
- 1 blomkålshoved
- 500 g tomater
- 500 g ærter
- Salt
- Peber
- Muskat
- 25 g smør
- 1 bdt. Persille

Sådan gør du:

1. Blomkålen koges i 6-8 min.

2. Blomkålen fordeles i bunden af et ildfast fad.

3. Et lag tomatskiver lægges over.

4. Ærter drysses på og et lag tomat skiver igen.

5. Læg smørklatter på tomaterne.

6. Læg sølvpapir over.

Bagetid: 45 min. Ved 200 grader.

Farsbrød med pikant ost

Antal personer 4.

Ingredienser:

- 500 g hk. Oksekød
- ½ bæger pikant ost fra Buko

Sauce:

- 1-2 løg
- 1 spsk. Olivenolie
- 1 ds. Flåede tomater
- 1 glas champignon i skiver
- Salt
- Peber
- Paprika

Sådan gør du:

1. Form kødet til et brød.

2. Lav en dyb rille i og fyld op med pikant ost.

3. Luk det til og stil det i et ovnfast fad.

4. Stil det i ovnen ved 200 grader i ca. 1 time.

5. Sovsen hældes ved i de sidste 15 min.

Fortsættes næste side...

Sovs:

6. Svits løg i en gryde.

7. Kom de flåede tomater og champignon i.

8. Krydr med salt, peber, paprika i.

9. Lad det simre i 5-10 min.

10. Hæld det i fadet ved farsbrødet i de sidste 15 min.

Servering: Løse ris.

Flutes

Antal 4 stk.

Ingredienser:

- 50 g gær
- 4 dl vand
- 2 tsk. Salt
- 600 g hvedemel
- 1 æg til pensling

Sådan gør du:

1. Gæren røres ud i lunkent vand.

2. Hvedemel og salt tilsættes.

3. Dejen æltes godt og stilles til hævning i 30 min.

4. Derefter æltes dejen igennem og formes til 4 flutes.

5. Sæt dem på en bageplade med bagepapir og lad dem efterhæve i 15 min.

6. Rids flutene og pensel med sammen pisket æg.

Bagetid: 15 min ved 230 grader.

Forårslagkage

Marengs bunde:

- 3 æggehvider
- 175 g sukker

Sådan gør du:

1. Æggehvider piskes stive.

2. Sukker kommes i mens du pisker.

3. Bredes ud i 2 cirkler på bagepapir.

Bagetid: 3-4 timer ved ca. 100 grader.

Indgredienser:

- ½ l fløde
- 1 spsk. Flormelis
- 2 tsk. Neskaffe pulver
- 1 tsk. Kakaopulver

Sådan gør du:

1. Pisk fløden til flødeskum.

2. Kom de øvrige ingredienser i og pisk det sammen.

Fortsættes næste side...

3. Kom halvdelen af flødeskumsmassen på den ene bund.

4. Kom den anden bund ovenpå.

5. Resten af flødeskumsmassen kommes på toppen.

Franskbrød

Antal 1.

Ingredienser:

- 25 g gær
- 0,5 dl lillefinger varmt vand
- 25 g smør
- 2,5 dl mælk
- 1 tsk. Salt
- 500 g hvedemel

Sådan gør du:

1. Rør gæren ud i det lunkne vand.
2. Smelt smørret og hæld det i den kolde mælk og direkte i gær blandingen.
3. Tilsæt salt og 2/3 af hvedemelet.
4. Stil dejen til hævning i ca. 45 min ved stuetemperatur.
5. Form dejen til et brød.
6. Lad efterhæve 10-15 min.
7. Tænd ovnen på 200 grader.
8. Rids og pensel brødet med æg.

Bagetid: 40-50 min på nederste rille ved 200 grader.

Fredagskugler

Antal ca. 35 stk.

Ingredienser:

- 25 g kakaopulver
- 125 g smør
- 125 g kokosmel
- 125 g flormelis
- 1 stor spsk. Vaniljesukker
- Lidt kakaopulver til at rulle i

Sådan gør du:

1. Alle ingredienserne æltes sammen i en skål.

2. Tril kugler og rul dem i kakaopulver.

3. Opbevares på køl.

Frikadeller med stuvede ærter, gulerødder og persille

Antal personer 4.

Ingredienser:

- 400 g hakket svinekød
- 1,5 tsk. Salt
- 200 g løg
- 1 æg
- Peber
- 75 g hvedemel
- 1 dl sødmælk

Stuvning:

- 400 g gulerødder
- 7 dl vand
- Salt
- 200 g grønne ærter
- 2 spsk. Hvedemel
- 0,75 dl vand
- 75 g smør
- Salt

Fortsættes næste side...

Tilbehør:

- 1000 g kartofler

Stegning:

- 25 g smør

Pynt:

- 1 bdt. Frisk persille

Sådan gør du:

1. Rør kødet godt med sad saltet.

2. Det pillede løg rives på den grove side af rivejernet.

3. Tilsæt løg, æg, peber, mel og mælk og rør farsen godt med elpiskerens æltekroge.

4. Skræl gulerødderne og skær dem i skiver.

5. Kog dem 15 min i vand tilsat salt.

6. Tilsæt de frosne ærter, bring dem i kog igen og lad det koge i 5 min.

7. Ryst mel og vand sammen til jævning.

8. Rør jævningen i under omrøring og lad stuvningen kogen igennem i 3-4 min.

Fortsættes næste side...

9. Tilsæt smørret og smag til med salt.

10. Steg frikadellerne, der formes ved hjælp af en spiseske, i det godt varme smør, steges i ca. 8 min. Vendes under stegningen.

11. Hak persillen.

12. Server de nystegte frikadeller sammen med ærter stuvningen drysset med persille og nykogte kartofler.

Frisk citronkage

Ingredienser:

- 2 æg
- 225 g sukker
- 180 g hvedemel
- 2 tsk. Bagepulver
- 1,5 dl mælk
- 50 g smør
- 1 citron, skal / saft af

Sådan gør du:

1. Æg og sukker piskes hvidt.

2. De andre ingredienser tilsættes.

3. Smør eller beklæd en springform.

Bagetid: ca. 40 min. Ved 175 grader.

Glasur:

- 100 g flormelis
- 2 spsk. Citronsaft

Glasuren skal først smøres på når kagen er kold. Pynt evt. med mandelflager.

Frokost boller

Antal 12.

Ingredienser:

- 12 g gær
- 5 dl vand
- 2 tsk. Salt
- 350 g sigtet spelt
- 400 g hvedemel

Sådan gør du:

1. Rør gæren ud i vandet.

2. Rør salt og sigtet spelt i.

3. Rør hvedemel i til dejen er smidig.

4. Dæk skålen med film og stilles i køleskabet i 12 timer til hævning.

5. Formes til 12 boller.

6. Lad efterhæve i 30-40 min.

Bagetid: Ca. 8 min ved 250 grader.

Gammeldaws millionbøf med kartoffelmos

Antal personer 4.

Ingredienser:

- 500 g hk. Oksekød
- 2 rødløg, finthakket
- 5 dl. Bouillon, okse
- 2 laurbærblade
- 1 spsk. engelsk sauce

Kartoffelmos:

- 1 portion

Sådan gør du:

1. Kom lidt olie i gryden og brun kødet godt.

2. Tilsæt så løg og svits dem møre.

3. Hæld bouillonen på panden og laurbærbladene.

4. Krydr med friskkværnet peber.

5. Derefter tilsættes engelsk Sauce.

Fortsættes næste side...

6. Læg låg på og lad millionbøffen simre i 30 min.

7. Fjern så låget og jævn retten.

8. Smag til med salt og peber og evt. lidt madkulør.

Gratin med blomkål

Antal personer 4.

Ingredienser:

- 1 blomkål, delt i mindre buketter
- 5 gulerødder, skåret i skiver
- 25 g smør
- 50 g hvedemel
- 4 dl mælk
- 5 æg
- Salt
- Hvid peber
- Smør og rasp til formen

Sådan gør du:

1. Kog grøntsagerne lige netop møre i letsaltet vand.

2. Smelt smørret i en gryde og rør hvedemelet i.

3. Tilsæt herefter, mælk og pisk godt.

4. Lad saucen koge igennem i et par minutter og smag til med salt og hvid peber.

5. Tag saucen af varmen og pisk æggeblommerne i et ad gangen.

Fortsættes næste side...

6. Pisk hviderne til stift skum og vend det hele forsigtigt sammen.

7. Smør et ildfast fad med smør og drys det med rasp.

8. Hæld grøntsagerne heri og fordel gratin dejen over det hele.

9. Drys med rasp på toppen og bag gratinen i ovnen i 1 time ved 175 grader.

10. Det er meget vigtigt at ovndøren ikke åbnes mens gratinen bager, da den ellers falder sammen.

Servering: Rugbrød, friskhakket persille og iskoldt smør på toppen.

Græsk farsbrød

Antal personer 4-5.

Ingredienser:

- 500 g hk. Svinekød
- 1 dl mælk
- 1 dl havregryn
- 50 g smuldret feta
- 1 stort løg, finthakket
- 2 fed hvidløg
- 1 spsk. Rosmarin
- 1 ½ spsk. Oregano
- 1 ½ tsk. Salt og lidt peber

Kartofler:

- 1 kg kartofler
- ½ dl olie
- 2 tsk. Salt og lidt peber

Sådan gør du:

1. Tænd ovnen på 180 grader.

2. Rør alle ingredienserne sammen i en skål, til kødet samler sig.

Fortsættes næste side...

3. Den smuldrede feta vendes i farsen.

4. Tag et ovnfast fad og kom et stykke bagepapir i.

5. Farsen formes som et stort franskbrød.

6. Farsbrødet kommes i ovnen i ca. 45 min.

Kartofler:

7. Skyl kartoflerne og skrub dem rene.

8. Dup dem tørre og skær dem i både.

9. Kom kartoffel bådene i et stort ovnfast fad med bagepapir.

10. Hæld olie og drys med salt og peber.

11. Sættes i ovnen til de er møre.

Græske bøffer

Antal personer 2.

Ingredienser:

- 250 g hakket oksefars
- 3 fed hvidløg, presset
- ½ citron
- 1 spsk. Persille
- ½ dl vand
- Salt
- 1 ½ spsk. Rugmel
- Oliven olie

Sådan gør du:

1. Det hele røres godt sammen.

2. Der formes bøffer og steges på en varm pande.

Gulerods muffins med skinke

Antal personer 6.

Ingredienser:

- 25 g parmesanost
- 1 ½ dl fløde
- 2 æg
- 300 g gulerødder
- 100 g skinke
- Salt
- Peber

Sådan gør du:

1. Tag bageristen ud af ovnen og varm ovnen op til 180 grader.

2. Riv parmesanosten.

3. Pisk fløde, æg og revet parmesanost sammen.

4. Riv gulerødderne og tilsæt dem til skinken.

5. Tilsæt salt og peber og rør det hele godt sammen

6. Fordel blandingen i muffins forme.

Bagetid: 35-40 min ved 180 grader.

Gulerodsbrud

Antal 12 stk.

Ingredienser:

- 1000 g hvedemel
- 50 g gær
- 5 ½ dl lunkent vand
- 75 g sukker
- 10 g salt
- 75 g blød smør
- 2 æg
- 150 g solsikkekerner
- 4 revne gulerødder

Sådan gør du:

1. Opløs gæren i det lunkne vand.

2. Tilsæt hvedemel, sukker, salt og ælt det sammen.

3. Ælt derefter det bløde smør ind i dejen og ælt det smidig.

4. Lad dejen hæve på et mel dækket bord med klæde over i 1 time.

5. Lav en fordybning i midten af dejen og slå æggene ud i fordybningen.

Fortsættes næste side...

6. Kom solsikkekerner og gulerødder ned til æggene.

7. Fold dejen sammen til en stor bolle.

8. Brug en kniv til at hakke dejen i små stykker.

9. Når dejen er hakket i små stykker deles den i 12 lige store brud.

10. Læg dem på en bageplade med bagepapir og lad dem hæve i 1 time.

Bagetid: 15 min ved 200 grader.

Hakkebøffer i tomatsauce

Antal personer 3-4.

Ingredienser:

- 350-400 g hakket oksekød
- 100 g bacontern
- 200 g champignon, i tynde skiver
- 1 lille løg, i tern
- 1 fed hvidløg, presset
- 1 ds. Flåede tomater
- 1 dl madlavningsfløde
- tsk. Salt og lidt peber
- 2 tsk. Basilikum
- 1 tsk. Oregano

Sådan gør du?

1. Tænd ovnen på 180 grader.

2. Rør ½ tsk. salt, 1 knsp. Peber, 1 tsk. Oregano og 1 tsk. Basilikum sammen med kødet og form det til 4 bøffer.

3. På en varm pande med lidt olie, brunes hakkebøfferne af i ca. 3-4 min på hver side.

4. Læg bøfferne i et mellemstort fad og kom straks bacontern på panden.

Fortsættes næste side...

5. Når bacontern er brunet godt af kommes løg, hvidløg og champignon på panden.

6. Vend godt og steg det i ca. 3-4 min.

7. Fløden hældes sammen med de flåede tomater, ½ tsk. Salt, lidt peber og 1 tsk. Basilikum.

8. Lad saucen koge og smag til.

9. Når den har boblet et par min, hældes den over hakkebøfferne i fadet og kommes i den varme ovn i 10 min.

Servering: Ris eller pasta.

Hakkebøffer med baconflødesovs

Antal personer 2.

Ingredienser:

- 400 g hakket oksekød
- 62,5 g bacon i skiver
- 1 skalotteløg
- 2 fed hvidløg
- 1 rød peberfrugt
- 1,5 tsk. Paprika
- 1 tsk. Timian
- 1,5 spsk. Tomatpasta
- 1,5 dl bouillon
- 1,25 dl piskefløde
- Salt og peber

Sådan gør du:

1. Oksekødet deles i otte stykker som formes til bøffer.

2. Smelt smør på en varm pande og brun bøfferne på hver side.

3. Krydr med salt og peber og læg hakkebøfferne i et ildfast fad.

4. Baconskiver skæres i små stykker, og svitses på den varme pande.

Fortsættes næste side...

5. Skalotteløg og hvidløg hakkes fint.

6. Peberfrugten skæres i mindre tern.

7. Kom skalotteløg og hvidløg ved den næsten færdigstegte bacon, og efter et par minutter tilsættes peberfrugttern.

8. Rør rundt, kom paprika, tomatpasta, bouillon og piskefløde ved.

9. Lad det koge et par min. og smag til med salt og peber

Bagetid: Ca. 25 min ved 200 grader.

Hakket oksekød med kartoffelmos låg

Antal personer 6.

Ingredienser:

Kartoffelmos:

- 1500 g kartofler
- 4,5 æg
- 3,75 dl sødmælk
- 37,5 g smør
- Salt og hvid peber

Oksekød:

- 750 g hk. Oksekød
- 1,5 stk. løg
- Salt og peber

Sådan gør du:

1. Del æggene, så du har blommerne i en skål og hviderne i en anden skål.

2. Kog kartoflerne og hæld vandet fra når de er færdige.

Fortsættes næste side...

3. Mos dem godt sammen med den varme mælk og smør,
    smag til med salt og peber.

4. Pisk æggeblommerne i.

5. Til sidst piskes æggehviderne stive og vendes forsigtigt i
    mosen.

6. Kødet brunes på en tør pande.

7. Tilsæt finthakkede løg, chili og smag til med salt og peber.

8. Smør et mellemstort ildfast fad med smør og hæld kødet
    heri.

9. Til sidst kommes kartoffelmosen henover og bages i ovnen
    ved 200 grader i ca. 35 min.

Havregrynskugler

Antal ca. 35 stk.

Ingredienser:

- 100 g margarine
- 4 dl havregryn
- ¾ dl flormelis
- 1 tsk. Vaniljesukker
- 2 stk. pulverkaffe
- 2 spsk. Kakao
- Evt. lidt vand
- Krymmel

Sådan gør du:

1. Kom margarinen i en skål og tilsæt havregryn, flormelis, vaniljesukker, pulverkaffe og kakao.

2. Ælt det hele godt sammen.

3. Hvis det ikke rigtigt vil hænge sammen, kom 1 spsk. Vand i.

4. Sæt skålen med havregrynsmassen i køleskabet, til den er helt stiv.

5. Tag små stykker af massen og tril til små kugler.

6. Til sidst trilles kuglerne i krymmel.

Hawaii kotelet

Antal personer 4.

Ingredienser:

- 4-6 koteletter
- Margarine til at stege i
- 1 ds. Ananas
- Karry
- Fløde el mælk
- Salt
- Peber

Tilbehør:

- Løse ris

Sådan gør du:

1. Kog risene efter anvisningen på pakken.

2. Steg koteletterne i lidt margarine.

3. Når de er færdigstegte tages de af panden.

4. Kom karry på panden og steg ananassen heri 2-3 min.

5. Tag ananassen af panden og kog panden af med fløde.

6. Krydr sovsen med karry, salt og peber.

Herregårdskage

Ingredienser:

- 250 g smør
- 300 g sukker
- 3 æggeblommer
- 400 g mel
- 1 tsk. Bagepulver
- 2 ½ dl mælk

Sådan gør du:

1. Smør og sukker røres luftigt.

2. De andre ingredienser kommes i.

3. En bradepande smøres eller beklædes med bagepapir.

Bagetid: 15 min ved ca. 200 grader.

Topping:

- 3 æggehvider
- 250 g flormelis
- 125 g kokosmel

Fortsættes næste side...

Sådan gør du:

1. Æggehviderne piskes stive.

2. Flormelis og kokosmel røres i.

3. Blandingen smøres på kagen.

Bagetid: 20 min ved 150 grader.

Hjemmelavet hønsesalat

Antal personer 3.

Ingredienser:

Fyld:

- 300 g hønsekød
- 0,5 ds. Asparges snitter
- 0,5 glas champignon i skiver

Dressing:

- 1,25 dl mayonnaise
- 0,75 dl creme fraiche
- 0,25 tsk. Sukker
- Salt
- Peber
- 0,5 tsk. Karry

Anretning:

- 0,13 ananas
- 0,5 bakke karse
- 0,5 tomat
- 62,5 bacon i skiver

Fortsættes næste side...

Sådan gør du:

1. Vandet hældes fra asparges og champignon.

2. Hønsekødet skæres i tern.

Dressing:

3. Mayonnaisen, sukker, salt, peber og karry røres sammen og tilsættes til creme fraiche.

4. Asparges, champignon og hønsekød vendes i dressingen og stilles koldt.

Anretning:

5. Hønsesalaten portion anrettes på ananas, bacon lægges på og der pyntes af med tomatbåde og karse.

Servering: Flutes eller ristet brød.

Husmorens boller

Antal 16 stk.

Ingredienser:

- 50 g gær
- 50 g sukker
- 4 dl mælk
- 1 dl olie
- 667 g hvedemel
- ½ tsk. Salt

Sådan gør du:

1. Opløs gæren i sukkeret og saltet i en skål.

2. Varm mælken og olien, så det er "lillefinger" varmt og hæld det i skålen med gæren.

3. Tilsæt derefter hvedemelet lidt efter lidt og gem lidt til æltning.

4. Form bollerne og læg dem på en bageplade med bagepapir.

5. Dæk bollerne med et hviskestykke og lad dem hæve i 1 time.

Bagetid: 12 min ved 200 grader.

Hvidløgs bøffer

Antal personer 4.

Ingredienser:

- 600 g skært oksekød
- 1-2 fed knust hvidløg
- 2-3 spsk. Creme fraiche
- 4 skiver bacon
- Fedtstof til stegning

Sådan gør du:

1. Ælt det hakkede kød med knust hvidløg, creme fraiche og salt.

2. Del kødet i 4 portioner.

3. Form hver portion til en bolle.

4. Sæt en skive bacon rundt om bøffen og fastgør med en tandstik.

5. Tril først siderne på bøffen på en varm pande, så baconet bliver let sprødt.

6. Steg bøfferne 2-3 min på hver side.

7. De skal være lyserøde indvendige.

Servering: Bagt kartoffel og salat.

Hønsefrikasse

Antal personer 4.

Ingredienser:

- 1 lille høne eller stor kylling.
- Salt vand
- 5 spsk. Smør
- 3 spsk. Hvedemel
- 250 g frosne ærter og gulerødder i tern
- 1 bundt Persille, finthakket.

Sådan gør du:

1. Kog hønen i rigeligt vand til den er mød, ca. 1 time.

2. Smelt fedtstoffet i en gryde og tilsæt mel og rør det sammen.

3. Hæld ca. 5 dl. Suppe fra hønen under omrøring til sovsen er jævn.

4. Tilsæt grøntsager og lad sovsen simre i 5-7 min.

5. Det varme kød fra den kogte høne lægges på et fad.

6. Sovsen hældes over og der pyntes med hakket persille.

Servering: Nye kartofler og smeltet smør.

Ice tea

Antal personer 2.

Ingredienser:

- 1 l vand
- 3 spsk. Løs te efter eget valg (gerne frugtig og blomstret)
- 10-20 dråber Hermasetas Flydende
- 1 citron
- Isterninger

Sådan gør du:

1. Opvarm vandet til 180 grader og hæld det over te bladende i en kande.

2. Lad teen trække efter anbefalingen på te pakken, og si tebladene fra.

3. Lad teen køle helt af i køleskabet.

4. Tilsæt Hermesetas Flydende efter smag.

5. Skær citronen i skiver og kom skiverne i kanden.

6. Server isteen med isterninger og pynt med citronskiver.

Indbagt farsbrød

Antal personer 4.

Ingredienser:

- 1 dl rasp
- 1 dl fløde
- 1 dl vand
- 500 g hakket oksekød
- 1 æg
- 1 fed presset hvidløg
- 1 lille revet løg
- 1 tsk. Salt
- ½ tsk. Herbes de provance

Dej:

- 15 g gær
- 1 ½ dl vand
- 75 g smør
- 150 g hvedemel
- 100 g grahamsmel
- 1 tsk. Salt

Fortsættes næste side...

Sådan gør du:

Dej:

1. Smør smuldres i hvedemelet.

2. Gær og vand røres sammen og tilsættes sammen med grahamsmel og salt.

3. Dejen æltes igennem.

4. Dejen stilles til hævning et lunt sted i ca. 45 min.

Fars:

1. Raspen udblødes i fløde og vand.

2. De øvrige ingredienser tilsættes, og farsen røres sammen.

3. Dejen slås ned og udrulles til en plade på ca. 25x40 cm.

4. Dejen flyttes over på bagepapir eller en smurt bageplade.

5. Farsen ligges i en bred stribe midt på dejen.

6. Siderne og enderne foldes ind over, og dejen pensles godt med æg.

7. Drys evt. med sesamfrø.

Bagetid: Ca. 40 min ved 200 grader.

Tages ud af ovnen og lad farsbrødet stå i ca. 10-15 min, så den sætter sig.

Indbagt hakkebøf

Antal personer 6.

Ingredienser:

- 1 kg hakket oksekød
- 5 stk. butterdejsplader
- 3 stk. peberfrugter
- 2 stk. løg
- 2 glas champignoner
- Salt
- Peber
- Paprika
- 1 æg

Sådan gør du:

1. Man former farsen til hakkebøffer.

2. Derefter krydder man dem med salt, peber, paprika og bruner dem på panden.

3. Lad dem køle af.

4. Skær champignoner, peber, løg ud i små stykker og steger dem på panden til det er mørt.

5. Herefter skal dette også køle af.

Fortsættes næste side...

6. Når disse ting er blevet kolde, skal man rulle butterdejen ud med en kagerulle.

7. Butterdejen skal rulles meget tynd.

8. Der skal bruges ½ plade til hver bøf.

9. Når pladerne er rullet ud, ligger man en bøf på hver stykke dej og lægger fyldet ovenpå bøffen.

10. Herefter lukker man dejen og lægger den enten på bagepapir eller i smurt fad.

11. Pensel med æg.

Bagetid: Ca. 45 min på 225 grader.

Servering: Kartofler, grøntsager og bearnaisesauce.

Indbagt kylling i butterdej med spinat

Antal personer 4.

Ingredienser:

- 1 pk. Butterdej (fersk)
- 2 fed hvidløg
- 200 g naturel flødeost
- 50 g frisk spinat
- 450 g kyllingebryst
- 75 g soltørrede tomater
- Salt
- Peber
- 1 æg til pensling

Sådan gør du:

1. Skær kyllingen i tern.

2. Hak hvidløg fint.

3. Hak spinat og soltørrede tomater.

4. Bland flødeost, spinat, soltørrede tomater og hvidløg i en skål og smag til med salt og peber.

5. Rul butterdejen ud.

Fortsættes næste side...

6. Skær butterdejen ud i 4 firkanter.

7. Placer et par skefulde fyld og herefter kyllingetern.

8. Luk butterdejspakken og vend åbningen ned af på en bageplade beklædt med bagepapir.

9. Pensl med sammen pisket æg.

Bagetid: 25-30 min ved 200 grader.

Servering: Salat eller bagte kartofler.

Italiensk farsbrød

Antal personer 4.

Ingredienser:

- 2 store løg
- 3 fed hvidløg
- 200 g bacon i tern
- 500 g hakket oksekød
- 1 æg
- 3 spsk. Havregryn
- 2 spsk. Parmesanost
- 1 spsk. Tomatpure
- 1 spsk. Oregano
- 1 tsk. Timian
- 1 tsk. Salt
- 150 g bacon I skiver

Sådan gør du:

1. Hak løgene og pres hvidløgsfed.

2. Steg løg, hvidløg og bacon i tern på en pande i ca. 5 min.

3. I en skål blandes de stegte løg, hvidløg, bacon godt sammen med hakket oksekød, æg, havregryn, revet parmesanost, tomatpure og krydderier.

Fortsættes næste side…

4. Form farsen og læg de i et ildfast fad.

5. Læg baconskiverne ovenpå farsen.

Bagetid: 55-60 min. Ved 200 grader.

Italienske frikadeller med pasta og flødesauce

Antal personer 4.

Ingredienser:

Frikadeller:

- 500 g hakket svinekød
- 1 kg
- Hvedemel
- Mælk
- 2 tsk. Oregano
- 1 tsk. Basilikum
- 150 g revet ost
- 3 fed hakket hvidløg
- Salt
- Peber

Sådan gør du:

1. Kog pastaen efter anvisningen på pakken.

2. Alle ingredienserne røres sammen og formes til frikadeller.

3. Steges på panden eller i ovnen i ca. 20 min ved 175 grader.

Fortsættes næste side...

Flødetomatsauce:

- 1 ds. Hakkede tomater
- ¼ piskefløde
- Salt
- Peber
- Oregano
- Hvidløg
- 600 g pasta

Sådan gør du:

1. Ingredienserne til saucen blandes sammen og varmes.

Kanel snegle

Dej:

- 50 g gær
- 3 dl lun mælk
- 3 æg
- 100 g blød smør
- 100 g sukker
- ½ vanilje stang
- 1 tsk. Kanel
- 1 tsk. Kardemomme
- ½ tsk. Salt
- 700 g hvedemel

Sådan gør du:

1. Udrør gæren i den lune mælk.
2. Hæld blandingen i resten af ingredienserne og rør sammen.
3. Hæves i 20 min.
4. Dejen deles i 2.
5. Udrulles til en firkant.

Fortsættes næste side...

Remonce:

- 250 g blød smør
- 100 g sukker

- 150 g brun farin
- 3 spsk. Kanel

Sådan gør du:

1. Smør, sukker, brun farin og kanel røres sammen.

2. Remoncen smøres på den udrullede dej.

3. Dejen rulles stramt og skæres i 3 cm stykker.

4. Læg dem på en bageplade med bagepapir og lad dem efterhæve i 45 min.

5. Pensel med æg.

Bagetid: 15 min ved 180 grader.

Kanelkage

Antal personer 20.

Dej:

- 250 g smeltet smør
- 1 l kærnemælk
- 570 g sukker
- 800 g mel
- 4 spsk. Kanel
- 3 tsk. Natron

Sådan gør du:

1. Smelt smørret og pisk det i kærnemælken.

2. Bland resten i.

3. Smør eller beklæd en bradepande med bagepapir.

Bagetid: Ca. 30 min ved 200 grader.

Glasur:

- 160 g smeltet smør
- 450 g flormelis
- 4 spsk. Kakaopulver
- 5 spsk. kaffe, stærk

Det hele blandes sammen og smøres på den kolde kage.

Kiksekage

Ingredienser:

- 225 g palmin
- 225 g flormelis
- 125 g kakao
- Reven skal af 1 appelsin
- 3 æg
- 200 g firkantede kiks

Sådan gør du:

1. Smelt palminen.

2. Rør flormelis, kakao og reven appelsinskal i.

3. Pisk æggene let sammen og rør dem i blandingen.

4. Beklæd en sandkageform med bagepapir.

5. Læg kakaoblanding og kiks lagvis.

6. Begynd og slut med kakaoblandingen.

7. Stil kagen koldt, til den er stivnet

Kokoskugler

Ingredienser:

- 50 g havregryn
- 200 g kokosmel
- 2 spsk. Kakaopulver
- 70 g flormelis
- 75 g blødt smør
- 1 dl fløde

Sådan gør du:

1. Bland de tørre ingredienser.
2. Kom smør og fløde i.
3. Ælt det grundigt sammen.
4. Tril til kugler
5. Tril kuglerne i kokos.
6. Kom den i en dåse.

Koldskål

Antal personer 2.

Ingredienser:

- 1 æg
- 3 spsk. Sukker
- 1 tsk. Vaniljesukker
- 3 dl A-38
- 3 dl kærnemælk

Sådan gør du:

1. Æg, sukker og vaniljesukker piskes godt.

2. A-38 og kærnemælk røres i.

Servering: Kammerjunker.

Koteletter i fad med pikantost

Antal personer 4.

Ingredienser:

- 500 g svinekoteletter
- 2 løg
- 1 rød peberfrugt
- 100 g champignon
- 200 g pikant flødeost
- 400 g hakkede tomater på dåse
- 2 stk. chiliflager
- 125 g bacon i skiver
- 0,25 bdt. Forårsløg
- 0,25 bdt. Frisk persille
- 400 g ris

Sådan gør du:

1. Tænd ovnen på 200 grader.

2. Skræl løg og skær dem i både.

3. Skær peberfrugt i strimler.

4. Rens champignon og skær i skiver.

5. Rødløg og champignon svitses i lidt olie på en varm pande.

Fortsættes næste side...

6. Tag det af og læg i et ildfast fad, kom derefter koteletterne på panden og brun dem af.

7. Læg koteletterne i det ildfaste fad.

8. Rør hakkede tomater sammen med pikantost.

9. Tilsæt chili, salt og peber.

10. Hæld blandingen over koteletterne.

11. Læg stanniol over fadet og sæt det i ovnen i 30 min.

12. Steg bacon på panden.

13. Tag stanniolen af fadet og bag yderligere 15 min.

14. Risen koges efter anvisningen på emballagen.

15. Drys hakket forårsløg eller persille ovenpå koteletterne og fordel små stykker af bacon ovenpå.

Servering: Ris.

Koteletter og bacon i fad

Antal personer 4.

Ingredienser:

- 10 g smør
- 4 svinekoteletter
- ½ tsk. Groft salt
- 1 ds. hakkede tomater
- 450 g champignoner i kvarte
- 1 finthakkede løg
- 125 g fint strimlet bacon
- 2 små fed hvidløg, knuste
- 1 spsk. Hvedemel
- 1 ½ dl madlavningsfløde
- ½ tsk. Groft salt
- ½ tsk. Cayennepeber

Tilbehør:

- 320 g løse ris
- 400 g haricots verts

Fortsættes næste side...

Sådan gør du:

1. Lad smørret blive gyldent og brun koteletterne på hver side.

2. Tag dem af panden, læg dem i et ovnfast fad og drys med salt og peber.

3. Hæld tomaterne i en sigte.

4. Svits champignoner, løg, bacon og hvidløg i ca. 3 min.

5. Rør hvedemel og ¼ dl fløde sammen.

6. Rør derefter resten af fløden i og kom de afdryppede tomater, salt, cayennepeber i champignonblandingen.

7. Bring saucen i kog og kog den ved jævn varme og underomrøring i ca. 2 min.

8. Hæld grøntsags saucen over koteletterne og steg dem midt i ovnen

Bagetid: Ca. 25 min ved 200 grader.

Krydderkage

Ingredienser:

- 150 g smeltet margarine
- 3 dl mælk
- 300 g hvedemel
- 300 g sukker
- 2 tsk. Kanel
- 1 tsk. Nelliker
- 1 tsk. Natron

Sådan gør du:

1. Den smeltede margarine blandes i mælken.

2. De andre ingredienser blandes i.

3. Bageform drysses med rasp.

Bagetid: 1 time og 10 min ved 175 grader.

Kylling med bacon, bagt blomkål og bønnefritter

Antal personer 2.

Ingredienser:

- 2 kyllingebryster
- 1 pk. Bacon i skiver
- ½ blomkålshoved i mindre buketter
- 250 g bønner
- 4 spsk. Olie
- 2 tsk. Salt og lidt peber

Sådan gør du:

Bønnefritter:

1. Tænd ovnen på 180 grader.

2. Kom bagepapir på en bageplade og læg bønnerne derpå.

3. Fordel 2 spsk. Olie og 1 tsk. Salt på bønnerne, vend det hele godt rundt og kom pladen i ovnen.

4. Vend bønnerne 1-2 gange imens de tilberedes.

Fortsættes næste side...

5. Bag dem i ca. 35 min, de skal blive sprøde i kanten, så er de færdige.

6. Drys evt. lidt ekstra salt på, når de er taget ud af ovnen.

Bagt blomkål:

1. Når der er 20 min tilbage af bønnefritterne skubbes de lidt til side og blomkålsbuketterne lægges på pladen.

2. Vend 2 spsk. Olie, 1 tsk. Salt og lidt peber rundt i blomkålen og bag dem færdige sammen med bønnefritterne.

3. Blomkålen skal blive gylden, gerne lidt sprøde i kanten, men ikke bløde.

Kylling med bacon:

1. Skær hvert bryst ud i ca. 4 strimler på den lange led.

2. Sno et stykke bacon om hvert stykke kylling.

3. På en varm pande steget kyllingestykkerne i ca. 10 min. Til bacon bliver sprød.

4. Vend kyllingen rundt på panden undervejs.

Kylling med stegte nudler

Antal personer 2.

Ingredienser:

- 250 g kyllingefilet
- 1 spsk. Olie
- 1 tsk. Hvidløg
- 2 spsk. sød chilisauce
- 1,5 spsk. Citronsaft
- 25 g grønne ærter
- 125 g nudler
- Vand
- Salt
- Olie

Sådan gør du:

1. Bring en gryde med vand i kog og tilsæt olie og salt.

2. Kog nudlerne.

3. Hæld dem i en sigte og afkøl dem.

4. Opvarm olien i en gryde og steg det finthakkede hvidløg i.

5. Tilsæt kyllingekødet skåret i små stykker og lad det steget i ca. 5 min.

Fortsættes næste side...

6. Hæld chilisovsen henover kødet.

7. Fordel nudlerne og ærterne i retten og lad dem stege med
    et par minutter.

Kylling salat

Antal personer 6.

Ingredienser:

- 300 g mayonnaise
- 1 dl creme fraiche
- 3 spsk. Naturel yoghurt
- 2 spsk. Tomatpure
- 1 ds. Majs
- 1 ds. Ananas
- 1 ds. Asparges
- 4-5 kyllinge filet
- Salt
- Peber

Sådan gør du:

1. Hæld væden fra ananassen og skær den I stykker.

2. Del kyllingefilet i små stykker.

3. Bland creme fraiche, mayonnaise, naturel yoghurt og tomatpure sammen.

4. Hæld de andre ingredienser i og bland rundt.

Servering: Salat og flutes

Kyllingesalat med avocado og solsikkekerner

Antal personer 3.

Ingredienser:

- 390 g kyllingebryst
- Smør til at stege i
- 0,6 romaine salat
- 42 g lucernespirer
- 150 g små blommetomater
- Ca. 2 gulerødder
- Solsikkekerner + lidt salt
- Revet mozzarella
- 1 avocado

Sådan gør du:

1. Steg kyllingen så den er brun på begge sider og gennemstegt.

2. Læg kyllingen på et skærebræt og træk kødet fra hinanden med to gafler.

3. Skyl salaten og lad den dryppe af i en sigte. Skær salatbladene ud i små stykker.

Fortsættes næste side...

4. Rør dressing sammen og hæld den over salaten, vend det godt sammen.

5. Skyl og skær tomaterne over i halve og læg dem i salaten.

6. Skræl gulerødderne og riv dem på et rivejern inden de blandes i salaten.

7. Kom solsikkekernerne på en pande uden fedtstof ved middel varme. Vend dem til de er lysebrune og sprøde, drys lidt fint salt over dem.

8. Vend kyllingen rundt i salaten.

9. Drys lidt mozzarella over salaten og pynt med de ristede solsikkekerner.

10. Skær avocadoen i tynde både og læg dem på salaten

Kødgryde med karry

Antal personer 4.

Ingredienser:

- 500 g hakket svinekød
- 1 spsk. Karry
- 2 æbler
- 2 løg
- 70 g tomatpure
- 2 dl kaffefløde
- 1 knsp. Stødt ingefær
- Salt
- Peber
- 0,5 bdt. Forårsløg

Sådan gør du:

1. Brun kødet i en gryde uden fedtstof, til kødet skiller.

2. Karry, æbler i tern og hakket løg svitses med nogle minutter.

3. Rør tomatpureen ud i fløden og hæld det i gryden.

4. Smag til med ingefær, salt og peber.

5. Lad det simrer under låg i ca. 30 min. Tilsæt forårsløg.

Kød snitter med oksekød og flødeost

Antal 30.

Ingredienser:

- 2 ruller fersk butterdej
- 500 g hakket oksekød
- 1 ½ tsk. Salt
- 1 æg
- 1 løg
- ½ rød peberfrugt
- Peber
- 1 tsk. Oregano
- 200 g neutral flødeost
- 1 æg

Sådan gør du:

1. Tænd ovnen på 180 grader.

2. Finthak løg og peberfrugt.

3. Rør oksekød sejt med salt.

4. Tilsæt æg, løg, peberfrugt, peber og oregano.

5. Smør kødet ud på butterdej pladen, og smør det helt ud til kanterne.

6. Smør flødeost ovenpå.

Fortsættes næste side…

7. Kom den anden butterdejsrulle ovenpå.

8. Stik i toppen med en kniv, og pensel den med æg.

9. Skær pladen ud i 3 x 10 stykker.

10. Fordel snitterne på to bageplader.

Bagetid: Ca. 15 ved 180 grader.

Lækker Chokoladekage

Antal personer 4.

Ingredienser:

- 100 g hvedemel
- 1 tsk. Bagepulver
- 2,5 spsk. Kakao
- 1 tsk. Vaniljesukker
- 100 g sukker
- 0,5 knivspids salt
- 0,25 dl olie
- 1,25 dl kogende vand

Chokoladeglasur:

- 100 g flormelis
- 1 spsk. Kakao
- 1-1,5 spsk. kogende vand

Sådan gør du:

1. Bland alle de tørre ingredienser.

2. Rør olie og kogende vand i.

3. Smør en springform og hæld dejen i.

4. Put først glasur på kagen, når den er helt afkølet.

Bagetid: 175 grader i ca. 30-35 min.

Mandeldrøm med rabarberskum og jordbær

Antal personer 12.

Ingredienser:

Bunden:

- 4 ½ æggehvide
- 200 g sukker
- 200 g mandler med skal – skal blendes groft.

Rabarberskum:

- 300 g rabarber
- 160 g rørsukker
- 1 spsk. Kartoffelmel
- 1 stk. vaniljestang, kornene af
- 0,5 l piskefløde

Pynt:

- 500 g jordbær
- 100 g mørk chokolade, hakket

Fortsættes næste side...

Sådan gør du:

1. Tænd ovnen på 175 grader.

2. Pisk hviderne stive.

3. Tilsæt sukker til hviderne og pisk dem helt stive.

4. Vend de blendede mandler forsigtigt i æggehviderne.

5. Fordel massen i en form foret med bagepapir.

6. Bag bunden i ovnen i 25-30 min og lad den køle helt af.

7. Skær rabarberne i 2 cm store stykker.

8. Fordel dem i et ildfast fad foret med bagepapir.

9. Drys med sukker, kartoffelmel og vaniljekorn. Læg vaniljebælgen ved (den giver meget smag) og bag rabarberne i ovnen i 30 min.

10. Lad dem køle helt af, fjern vaniljebælgen, og rør rabarberne sammen til en ensartet masse.

11. Pisk fløden til flødeskum.

12. Vend rabarbermassen i flødeskummet, og fordel rabarberskummet over mandelbunden.

13. Pynt med jordbær og hakket chokolade.

Millionbøf med brunede kartofler og rødbeder

Antal personer 4.

Ingredienser:

- 500 g hakket oksekød
- 500 g løg
- 50 g margarine
- 3 spsk. Hvedemel
- 5 dl oksebouillon
- Salt
- Peber
- Kulør

Sådan gør du:

1. Pil og hak løget groft.

2. Smelt fedtstof i en gryde og brun løgene heri.

3. Tilsæt det hakkede oksekød og vend det til det har fået farve.

4. Drys mel over kødet og rør det godt ind.

5. Kom oksebouillon, salt og peber og lad retten simre ved svag varme under låg i ca. 20 min.

6. Tilsæt kulør og smag til med salt og peber.

Mini tærter med pikant ost og skinke

Antal personer ca. 10.

Ingredienser:

- 10 tarteletskaller
- 1 lille løg
- 1 håndfuld purløg
- 350 g skinkestrimler
- 400 g Pikantost
- 2 æg
- Salt
- Peber

Sådan gør du:

1. Tænd ovnen på 180 grader.

2. Hak løg og purløg.

3. Rør æg, purløg, pikantost, æg, skinke, salt og peber sammen i en skål.

4. Fordel fyldet i tarteletskallerne.

5. Bag dem i ovnen i ca. 30 min.

Mormors gryderet

Antal personer 6.

Ingredienser:

- 1 kg oksekød, skært
- 50 g smør
- 2 tsk. Groft salt
- Friskkværnet peber
- 2 dl stærk kaffe
- 4 dl piskefløde
- 2 dl tomat pure

Sådan gør du:

1. Skær oksekødet i lange strimler ca. 1 cm tykke.

2. Lad smørret gyldne i gryden.

3. Brun kødet i gryden og tilsæt de øvrige ingredienser.

4. Lad koge under låg ved svag varme i ca. 1 time.

Servering: Kartoffelmos.

Mormors mørbradgryde

Antal personer 4.

Ingredienser:

- 500 g svinemørbrad
- 140 g tomatpure
- 0,5 dl soja sauce
- 1,5 dl. vand
- 1 dl ananasjuice
- 200 g løg
- 1 ds. ananas
- 0,5 agurk
- Salt
- Peber

Sådan gør du:

1. Afpuds mørbraden og skær den i 1 cm tykke skiver.
2. Bland tomatpure, soja, vand, ananasvæde i en gryde. Lad sovsen koge op.
3. Skræl og hak løget. Kom det i gryden.
4. Læg kødet ned i den kogende sauce, kog i ca. 15 min.
5. Skræl agurken og del den på langs.
6. Grav kernerne ud med en ske.
7. Skær agurken i halvmåner.
8. Kom ananas i tern og agurk op i gryden.

Mormors påskekage

Ingredienser:

Bunden:

- 250 g havregryn
- 150 g sukker
- 175 g smør
- 3 æggeblommer

Toppen:

- 3 æggehvider
- 100 g sukker
- 100 g mandler

Sådan gør du:

1. Tænd ovnen på 175 grader.

2. Bland havregryn og sukker i en skål.

3. Smelt smørret og rør det godt ind i havregrynene.

4. Lad blandingen står og trække i 5-10 min.

Fortsættes næste side...

5. Del tre æg i blommer og hvider.

6. Hæld hviderne i en skål og sæt dem til side.

7. Rør blommerne i havregrynsmassen.

8. Smør en bradepande på ca. 20x30 cm eller en springform eller beklæd med bagepapir.

9. Fordel dejen helt jævnt i formen, pres den lidt sammen.

10. Bag den i 8-10 min.

11. Mens kagen er i ovnen, pisker du det tre æggehvider helt stive.

12. Pisk sukker i lidt ad gange.

13. Hak mandlerne groft.

14. Tag kagen ud af ovnen og fordel hurtigt marengsen på.

15. Drys mandlerne på, og sæt kagen tilbage i ovnen.

16. Sænk temperaturen til 150 grader og bag kagen færdig.

17. Marengsen skal være gylden og gennembagt.

Bagetid: Ca. 20-25 min ved 175 grader.

Mormors tunsalat

Antal personer 3.

Ingredienser:

- 1 dåse tun i vand
- 25 g majs kerner
- 25 g grønne ærter
- 25 g rød peber
- Salt
- Peber

Dressing:

- 1 spsk. Creme fraiche 18%
- 2 spsk. mayonnaise

Sådan gør du:

Dressing:

1. Bland crème fraiche og mayonnaise I en skål

2. Hæld vandet fra tunen og bland den i dressingen, mens du moser den fint.

3. Bland ærter, majs og peberfrugt i tern i og smag til med salt og peber.

Mørbradbøf med skinke og bacon

Antal personer 4.

Ingredienser:

- 2 svinemørbrad
- 50 g smør
- Salt
- Peber
- 2 ps. Grønsagsblanding, ærter, majs og rød peber
- 4 store skiver skinke
- 75 g revet ost
- 1 dl bouillon
- Paprika

Sådan gør du:

1. Skær mørbraden i 4 stykker.

2. Stil stykkerne på højkant og bank dem lidt ud.

3. Brun kødet i gyldent smør og drys lidt salt og peber over.

4. Hæld grøntsagerne i et velsmurt ildfast fad.

5. Læg de for stegte mørbradbøffer over.

6. Læg på hver bøf en halv skive skinke og drys revet ost over.

7. Strø lidt paprika på osten og hæld bouillon ved retten.

Bagetid: 15-20 min ved 220 grader.

Napoleonshatte

Antal personer 6.

Ingredienser:

Dej:

- 188 g smør
- 281 g hvedemel
- ¾ æg
- 60 g flormelis

Sådan gør du:

1. Ingredienserne blandes i en skål.

2. Dejen æltes og sættes på køl i 1 ½ time.

3. Dejen rulles fladt på et mel bestrøget køkkenbord.

4. Med et glas eller lignende udstikkes cirkler på ca. 5 cm i diameter.

Fyld:

- 169 g marcipan
- 94 g sukker
- ¾ æggehvider

Fortsættes næste side...

Sådan gør du:

1. Marcipan og sukker æltes godt sammen.

2. Hviden tilsættes.

3. Fyldet rulles ud til en pølse, som skæres i lige mange stykker, som man har dej cirkler.

4. Fyldstykkerne rulles til kugler, som placeres oven på en dej cirkel.

5. Dej cirklerne trykkes indad på tre steder, så de får form som en napoleonshat.

Bagetid: 4-5 min ved 200 grader.

Nemme småkager

Antal 30 stk.

Ingredienser:

- 50 g sukker
- 100 g smør
- 150 g hvedemel

Sådan gør du:

1. Tænd ovnen på 200 grader.

2. Smelt smørret.

3. Bland mel og sukker sammen.

4. Når smørret har kølet lidt af, blandes det med sukker og hvedemel.

5. Tag en kagerulle, rul dejen ud til den er ca. ½ cm tyk.

6. Tryk kagerne ud med et lille glas eller noget lign.

7. Kom kagerne på en bageplade med bagepapir.

8. Bages på øverste rille.

Bagetid: Ca. 5 min ved 200 grader.

Oopsies

Antal 12 stk.

Ingredienser:

- 6 æg
- 200 g Philadelphia Light
- 1 tsk. Bagepulver
- 2 tsk. Fiber HUSK
- 0,5-1 tsk. groft salt
- Evt. sesamfrø

Sådan gør du:

1. Del æggene i to skåle, så du har blommerne i den ene skål og hviderne i den anden.

2. Pisk hviderne stive med en elpisker. De skal være pisket så grundigt, at du kan vende skålen uden at skummet falder ud.

3. Tilsæt Philadelphia, bagepulver, fiber HUSK og salt i skålen med blommerne og bland det sammen.

4. Hæld lidt af denne blanding over i de piskede æggehvider og vend det forsigtigt sammen med en dejskraber.

5. Tilsæt mere af æggeblomme-blandingen indtil det hele er blandet sammen med hviderne.

Fortsættes næste side...

6. På to plader med bagepapir laves 10 – 12 flade klatter ud af dejen som bages i ovnen.

7. Tilsæt evt. sesamfrø eller anden frø.

Bagetid: 20 – 25 minutter ved 150 grader.

Ovn æggekage

Antal personer 3.

Ingredienser:

- 187,5 g bacon i skiver
- 3 spsk. Hvedemel
- 4,5 dl mælk
- Salt
- Peber
- 9 æg
- 3 tomater, i skiver

Pynt:

Purløg

Sådan gør du:

1. Baconskiver steges sprøde.

2. Mel piskes ud i mælken med en el pisker og de hele æg tilsættes.

3. Et ovnfast fad smøres med baconfedtet og æggemassen hældes i.

4. Fadet sættes i ovnen i ca. 30 min ved 200 grader.

5. Når æggemassen kan "bære" lægges tomaterne i skiver taglagt og fadet sættes i ovnen i ca. 10 min.

Paprika gryde

Antal personer 4.

Ingredienser:

- 1 stort løg, finthakket
- 400 g skinkekød, ca. 1 ½ cm tykke
- 100 g cocktailpølser
- 100 g bacontern
- 1 ds. Hakket tomater
- 1 lille dåse tomatpure
- 200 g champignon
- 1 dl mælk 1 ½ dl fløde
- 2 spsk. Olie
- 2 tsk. Sød paprika
- Salt
- Peber

Sådan gør du:

1. Skal du have kartoffelmos til, så start med at sætte kartoflerne over.

2. Bacon kommes i en stor gryde og steges næsten færdig.

3. Løg og champagnen kommes i gryden og det svitses med til løgene er blevet klare.

Fortsættes næste side...

4. Blandingen tages fra og kødet brunes af i gryden med olie.

5. Drys paprika, salt og peber på kødet.

6. Når kødet er brunet af kommes tomat pure i og vendes rundt i kødet.

7. Bacon blandingen kommes tilbage i gryden sammen med de hakkede tomater, fløde og mælk.

8. Lad retten simre i mindst 15 min og smag til.

9. Et par minutter før serveringen kommes pølserne i gryden.

Paprikagryde med hakket oksekød

Antal personer 4.

Ingredienser:

- 2 spsk. Olie til stegning
- 1 spsk. Karry
- 1 spsk. Paprika
- 1 spsk. Spidskommen
- 1 tsk. Salt og lidt peber
- 450 g hakket oksekød
- 1 peberfrugt
- 1 løg
- 4 fed hvidløg
- 200 g champignon
- 200 g cherrytomater
- 2 spsk. Tomatpure
- 500 g fløde

Sådan gør du:

1. Kom olien i en dyb pande og svits krydderierne af.

2. Tilføj den hakkede oksekød og vend det rundt til det tager farve.

3. Hak grøntsagerne, kom dem ned til kødet og vend det rundt.

4. Tilføj tomatpure og fløde og lad det simre i ca. 20 min.

Pasta i fad med kylling og broccoli

Antal personer 4.

Ingredienser:

- 500 gr. pastaskruer eller penne
- 1 broccoli (delt i små buketter)
- 250 gr. kyllingebryst (stegt eller kogt)

Mornaysauce:

- 30 g smør
- 3 spsk. Hvedemel
- 4 dl mælk
- 75 g revet ost
- Revet muskatnød
- Salt
- Peber

Sådan gør du:

1. Kog pastaen efter anvisning på pakken i rigeligt saltet vand.
   De sidste minutter af kogetiden tilsættes broccolibuketter
   og de gives et hurtigt opkog.

2. Hæld vandet fra pasta og broccoli og lad det hele afdryppe i
   en sigte.

Fortsættes næste side...

3. Skær kyllingen ud i små stykker og vend kylling, pasta og broccoli sammen i et ildfast fad.

4. Smelt smørret i en lille gryde og rør melet ud heri. Tilsæt mælk og pisk godt, så saucen ikke får klumper.

5. Bring saucen i kog og lad den koge igennem i et par minutter til den tykner. Til sidst vendes revet ost i saucen og der smages til med muskatnød, salt og peber. Hæld saucen over fadet.

6. Bag fadet ved 200 °C (varmluft) i ca. 20 minutter til toppen er gyldenbrun og lækker.

Servering: En lækker blandet salat og evt. brød.

Pasta i flødesauce med bacon

Antal personer 4.

Ingredienser:

- 1 pk. bacon i tern
- 2 fed hvidløg, hakkede
- 2 løg hakkede
- 1 spsk. Tørret basilikum
- 2 ½ dl madlavningsfløde
- 500 g spaghetti
- 250 g ærter
- 75 g revet ost
- Salt
- Peber

Sådan gør du:

1. Kom bacon på panden og steg det brunt og sprødt.

2. Tilsæt hvidløg og løg og sauter et par minutter.

3. Tilsæt basilikum og madlavningsfløde og lad det simre i 1-2 min.

4. Imens koges spaghetti i letsaltet vand efter anvisningen på pakken.

Fortsættes næste side...

5. Hæld vandet fra spaghettien, men gem 2 dl vand til saucen.

6. Tilsæt ærter, revet ost, 2 dl kogevand fra spaghetti til flødesaucen på panden og rør rundt.

7. Smag til med salt og peber.

8. Hæld flødesaucen i gryden med spaghetti og vend godt rundt.

Servering: Brød eller salat.

Pastasalat med kylling

Antal personer 4-6.

Ingredienser:

- 150 g rå pastaskruer
- 2 kyllingebryst
- 1 hoved hjertesalat
- 150 g majskerner
- ½ agurk
- 1 rød peber

Sådan gør du:

1. Kog pastaen efter anvisningen på pakken.

2. Når den er kogt hældes det op i en sigte.

3. Kog kyllingebrysterne møre.

4. Lad dem køle lidt af inden de skæres i mindre stykker.

5. Skær agurk, salat og peberfrugt ud og bland det i en skål med pastaskruerne, majskernerne og kyllingen.

Servering: Lun flutes.

Pitabrød

Antal 10.

Ingredienser:

- 350 g lillefingervarmt vand
- 40 g gær
- 590 g fint hvedemel
- 30 g fuldkorns mel
- 12 g salt
- 2 spsk. Olie

Sådan gør du:

1. Vand og gær røres til det er opløst.

2. Kom mel i og rør kort.

3. Kom salt og olivenolie i og ælt til det slipper kanterne.

4. Lad dejen hæve 60 min ved stuetemperatur.

Bagetid: 250 grader i få minutter indtil pitabrødene popper op.

Pizza bøf med ovnbagte kartofler

Antal personer 3.

Ingredienser:

- 800 g kartofler
- 3 spsk. Olie
- 1 tsk. Salt
- 400 g hakket oksekød
- ½ løg, finthakkede
- 1 fed hvidløg
- 1 stor tomat, finhakket
- 1 tsk. Salt og lidt peber
- 1 ½ tsk. Oregano
- 1 ½ tsk. Basilikum
- 125 g mozzarella

Sådan gør du:

1. Tænd ovnen på 190 grader.

2. Skyl og skrub kartoflerne godt og dup dem tørre.

3. Halver kartoflerne, skær dem i både og læg dem på en bageplade med bagepapir.

4. Vend kartoflerne med olie og salt.

Fortsættes næste side...

5. Kartoflerne bages i ovnen i 40 min.

6. Imens kommes kødet i en skål med hakket løg, tomat, hvidløg, salt, peber og krydderier.

7. Bland det hele godt sammen og vend til sidst osten i farsen.

8. Saml kødet godt og form til bøffen.

9. Kom bøffen på en varm pande med lidt olie og giv den ca. 5 min på begge sider.

Pizza snegle

Dej:

- 25 g gær
- 3-4 tsk. Salt
- 100 g grahamsmel
- 400 g hvedemel
- 3 dl lunkent vand

Sådan gør du:

1. Udrør gæren i det lunkne vand.

2. Tilsæt det til de andre ingredienser og gør det sammen.

3. Lad det hæve i 30 min.

4. Del dejen i 2.

5. Tænd ovnen på 200 grader.

Fyld:

- 1 ds. Tomatpure
- 1 pk. skinke strimler
- 100 g revet ost

Fortsættes næste side...

Sådan gør du:

1. Dejen udrulles.

2. Kom fyld og ost på.

3. Rulles sammen.

4. Skær i ca. 1 cm stykker.

Bagetid: Ca. 15 min ved 200 grader.

Pizza dej

Antal personer 4.

Ingredienser:

- 1000 g hvedemel
- 5 dl vand
- 50 g gær
- 3 spsk. Olivenolie
- 2 spsk. Sukker
- 1 spsk. Groft salt

Sådan gør du:

1. Opløs gæren i vandet.

2. Kom de øvrige ingredienser i.

3. Ælt dejen rigtig meget – drys lidt mel på og skær i kryds i dejen.

4. Lad dejen hæve under husholdningsfilm i ca. 30 min.

5. Der er dej nok til 2 bageplader.

Bagetid: 20-25 min ved 200 grader eller 10—12 min ved 270 grader.

Pleskner

Ingredienser:

- 3 æg
- 125 g sukker
- 150 g mel

Sådan gør du:

1. Æg og sukker piskes hvidt.

2. Melet vendes i med en dejskraber indtil der ikke er flere klumper i.

3. En bageplade beklædes med bagepapir.

4. Der laves små klatter med to teskeer.

Bagetid: Ca. 8 min ved 200 grader. Indtil de er gyldne i kanten.

Pølsehorn

Antal 20 stk.

Ingredienser:

- 2 ½ dl lunkent vand
- ½ pk. Gær
- 1 tsk. Salt
- 1 tsk. Sukker
- 1 spsk. Olie
- 400 g hvedemel
- 10 pølser (skåret i halve)

Sådan gør du:

1. Opløs gæren i det lunkne vand.

2. Hæld blandingen i melet og tilsæt resten af ingredienserne.

3. Ælt det sammen og lad det hæve i 1 time.

4. Slå dejen ned og del den i 20 stykker.

5. Sno dejen om pølsen.

6. Lad efterhæve i ca. 30 min.

Bagetid: Ca. 15 min ved 180 grader.

Påskekage

Antal personer 12.

Ingredienser:

- 2 appelsiner
- 250 g margarine
- 200 g sukker
- 4 æggeblommer
- 4 æggehvider
- 250 g hvedemel
- 1 tsk. Bagepulver
- 100 g mørk chokolade 44%
- 100 g mandler, usmuttede

Glasur:

- 250 g flormelis
- Vand

Sådan gør du:

1. Riv skallen af appelsinerne og dem det.

2. Pres saften ud af appelsinerne.

3. Rør margarinen sammen med sukkeret.

4. Rør æggeblommerne og appelsinsaften i.

Fortsættes næste side…

5. Bland hvedemel og bagepulver og rør det i.

6. Hakket chokolade, hakkede mandler og det meste af den revne appelsinskal røres i.

7. Pisk æggehviderne stive og rør ca. 1/3 i og vend resten i med let hånd.

8. Dejen hældes i en smurt bradepande.

Bagetid: 30-40 min ved 170 grader.

Rør glasuren sammen og kommes på kagen mens den stadig er lun.

Romkugler

10 stk.

Ingredienser:

- 1 hindbær roulade (købe)
- 1 mazarin kage (købe)
- 2 spsk. Hindbær marmelade
- 2 cl romessens
- 2 spsk. Kakaopulver

Sådan gør du:

1. Det hele æltes sammen.

2. Tril til 10 kugler.

3. Vendes i krymmel, kokos.

4. Stilles i køleskabet i ca. 1 time inden servering.

Roulade

Antal personer 6.

Ingredienser:

- 4 store æg
- 120 g sukker
- 60 g hvedemel
- 60 g kartoffelmel
- ½ tsk. Bagepulver
- 400 g hindbærmarmelade
- Lidt sukker

Sådan gør du:

1. Tænd ovnen på 200 grader.

2. Pisk æg og sukker hvidt og luftigt.

3. Bland hvedemel, kartoffelmel og bagepulver.

4. Sigt det i æggemassen og vend det forsigtigt i til det er jævnt og ensartet.

5. Fordel dejen stille og roligt på en bageplade beklædt med bagepapir.

6. Bag den i ca. 8 min til den er gylden og har faste kanter.

Fortsættes næste side…

7. Drys et nyt stykke bagepapir med lidt sukker, og vend den færdige rouladebund ud på det.

8. Lad bunden køle lidt af, og træk bagepapiret af den bagte bund.

9. Smør hindbærmarmelade ud på rouladen og rul den forsigtigt sammen ved hjælp af bagepapiret, mens den stadig er lun.

Bagetid: Ca. 8 min ved 200 grader.

Råcreme

Antal personer 4.

Ingredienser:

- 5 æg
- 2,5 dl piskefløde
- 4 spsk. Sukker

Sådan gør du:

1. Pisk æggeblommer og sukker hvidt.

2. Pisk fløden til en tyk flødeskum.

3. Vend de to masser sammen.

Salade nicoise

Antal personer 4.

Ingredienser:

- 300 g bønner
- 500 g små kartofler (kogte og afkølede)
- 4 æg
- 2 avocadoer
- 100 g spæde salatblade
- 3 ds. Tun i vand eller olie
- 1 rødløg
- Sort oliven

Sådan gør du:

1. Nip bønnerne og kog dem i letsaltet vand i 3-5 min til de er møre.

2. Overhæld bønnerne med koldt vand og lad den dryppe af i en sigte.

3. Skær kartoflerne i halve.

4. Kog æggene i 6-10 min.

5. Overhæld æggene med koldt vand, pil dem og skær dem i både.

Fortsættes næste side...

6. Halver avocadoerne og fjern sten og skræl.

7. Skær avocadoerne i tynde skiver.

8. Anret salatbladene i 4 skåle eller tallerkener.

9. Fordel bønner, kartofler og avocadoen ovenpå salaten.

10. Anret tunen på tallerkenen / skålen og slut af med æggene. Øverst pyntes med rødløg og oliven.

Dressing:

Ingredienser:

- 8 spsk. Olivenolie
- 2 spsk. Lys eddike
- 2 tsk. Sennep
- 1 tsk. Honning
- Salt
- Peber

Sådan gør du:

1. Pisk olie, eddike, sennep, honning, salt og peber sammen.

2. Dryp dressingen over salaten

Servering: Brød.

Sandkage

Ingredienser:

- 200 g smør
- 200 g sukker
- 4 æg
- 200 g hvedemel
- 1 tsk. Vaniljesukker

Sådan gør du:

1. Tænd ovnen på 200 grader.

2. Bland smør og sukker sammen og tilsæt æg et ad gangen.

3. Tilsæt derefter hvedemel og vaniljesukker.

4. Bland dejen til den er jævn.

Bagetid: 1 time ved 200 grader.

Spaghetti i fad med oksekød og grønt

Antal personer 4.

Ingredienser:

- 300 g fuldkornspasta
- 1 løg
- 1 hvidløg
- 300 g gulerødder
- 1 stk. peberfrugt
- ½ pk. Bacon i skiver
- 500 g hakket tomater
- 2 ds. Hakkede tomater
- 70 g tomatpure
- 1 spsk. Oregano
- 1 terning oksebouillon
- 3 æg
- 2 dl mælk
- 100 g revet ost
- Salt
- Peber

Fortsættes næste side...

Sådan gør du:

1. Forvarm ovnen til 200 grader.

2. Kog spaghettien efter anvisninger på pakken.

3. Hak løg og hvidløg fint.

4. Skræl gulerødderne og riv dem på den grove side af rivejernet.

5. Vask peberfrugten, fjern kernerne og skær den i fine tern.

6. Skær bacon i strimler og steg dem til de får farve.

7. Tilsæt løg og hvidløg og steg videre i et par minutter.

8. Tilsæt oksekødet og lad det stege med til det er godt brunet af.

9. Tilsæt de revne gulerødder, hakket tomat, tomatpure, oregano og bouillon.

10. Lad det hele simre ca. 10 min.

11. Smag til med salt og peber.

12. Pisk æg, mælk, ost og peberfrugt sammen i en skål.

13. Tag halvdelen af massen fra – den skal bruges som topping.

14. Tilsæt spaghettien i den halve æggemasse og rør godt rundt.

Fortsættes næste side...

15. Fordel halvdelen af spaghetti massen i bunden af et ovnfast
    fad.

16. Fordel halvdelen af kødsaucen over spaghettien og top med
    resten af spaghettien.

17. Afslut med den sidste halvdel kødsauce og den sidste del af
    ostemassen på toppen.

18. Stil fadet i ovnen og lad retten gratinere i ca. 20 min.

Søde sommer desserter

Antal personer 2.

Ingredienser:

- 125 g mørk chokolade
- 75 g smør
- 2 æg
- 100 g sukker
- 3 spsk. Hvedemel
- 2 spsk. Kakaopulver
- 1 tsk. Bagepulver
- ½ tsk. Vaniljesukker

Sådan gør du:

1. Tænd ovnen på 180 grader.

2. Knæk chokoladen i mindre stykker og smelt den sammen med smørret over vandbad.

3. Pisk æggene sammen med sukker.

4. Sigt hvedemel, kakaopulver, bagepulver og vaniljesukker og vend det i æggemassen.

Fortsættes næste side...

5. Vend smeltet chokolade/smør i og fyld dejen i en lille
    bradepande 18x26 cm foret med bagepapir.

6. Bag kagen midt i ovnen ca. 25 min.

7. Efter kagen er afkølet deles den i firkanter og pyntes med
    flødeskum og friske hindbær.

Bagetid: Ca. 25 min ved 180 grader.

Tarteletter med høns i asparges

Antal 20 tarteletter.

Ingredienser:

- 800 g kyllingebryst
- 1 bouillonterning
- Vand
- 50 g smør
- 5 spsk. Mel
- 5 dl mælk
- 4 dl kogevand
- 1 dl aspargesvand
- 1 dåse aspargessnitter
- 1 tsk. salt og lidt peber

Sådan gør du:

1. Kom kyllingen i en gryde sammen med bouillonterningen og dæk det med vand.

2. Lad kyllingen koge ved middelvarme under låg i 20 min.

3. Imens smeltes smørret i en anden gryde og melet kommes i.

4. Pisk det godt sammen og tilsæt mælken lidt efter lidt.

5. Når kyllingen er kogt tages kødet op af vandet og afkøles.

Fortsættes næste side...

6. Kom ligeledes aspargesvandet, kogevandet fra kyllingen, salt og peber i sovsen.

7. Opvarm ovnen og lun tarteletterne.

Trofast kage

Ingredienser:

- 346 g sukker
- 240 g margarine
- 30 g kakao
- 3 æg
- 1,5 dl A-38
- 8 g natron
- 8 g bagepulver
- 40 g vaniljesukker
- 370 g hvedemel

Sådan gør du:

1. Sukker, margarine og kakaopulver røres godt sammen.

2. Æg og A-38 tilsættes og der røres godt.

3. Natron, bagepulver, vaniljesukker, hvedemel hældes i massen sammen med 2 dl kogende vand.

Bagetid: 1 time ved 150 grader.

Fortsættes næste side...

Fyld:

- 100 g margarine
- 120 g kokosmel
- 120 g flormelis
- 40 g kakaopulver
- ¾ kop gammel kaffe

Sådan gør du:

Alle ingredienserne blandes sammen og smøres på den afkølede kage.

Tun mousse

Antal personer 4.

Ingredienser:

- 2 ds. Tun i vand
- 50 g rødløg
- 70 g Kærgården
- 100 g creme fraiche 18%
- Citronsaft
- 2 spsk. Frisk dild
- Salt
- Peber

Sådan gør du:

1. Pres tunen fri for væde.

2. Løg og dild hakkes fint.

3. Rødløg, Kærgården, creme fraiche røres i tunen.

4. Rør det hele godt sammen.

5. Kommes i en skål eller hvad man foretrækker.

6. Tun moussen skal trække min. 30 min i køleskabet.

Servering: Salat og flutes.

Tærtedej

Ingredienser:

4. 120 g hvedemel
5. 60 g grov mel
6. 100 g koldt smør
7. 2-3 spsk. Vand
8. Salt

Sådan gør du:

a. Bland hvedemel og salt i en skål.

b. Skær smørret i mindre stykker og smuldre det i mel blandingen.

c. Tilsæt vand og samel dejen hurtigt.

d. Rul tærtedejen ud og anbring den i en form.

e. Stil tærtebunden tildækket i køleskabet i mindst 30 min.

f. Forbag tærtebunden midt i ovnen ved 180 grader i ca. 10 min.

Varm kartoffelsalat med bacon

Antal personer 4.

Ingredienser:

- 1 kg små koge kartofler
- 150 g røget bacon i små tern
- 1 finthakkede rødløg
- 1 dl vineddike
- Salt
- Peber
- 1 bdt. Purløg

Sådan gør du:

1. Skær de kogte, pillede kartofler i skiver.
2. Rist bacon gyldent på en pande.
3. Tag det af og svits rødløg.
4. Bland kartofler og bacon sammen med vineddike.
5. Varm igennem og smag til med salt og peber.
6. Server kartoffelsalaten med et drys purløg på.

Vildtragout

Antal personer 4.

Ingredienser:

- 750 g vildtkød
- 250 g champignons
- 3-4 gulerødder
- Salt
- Peber
- 2 fed hvidløg
- 5 dl rødvin
- 5 dl fløde
- 200 g grønne ærter
- Fedtstof til stegning
- Bacon til pynt

Sådan gør du:

1. Vildtkødet skæres i mindre stykker, svitses på en pande.

2. Tilsæt rødvin og lad det småsimre i ca. 10 min sammen med salt, peber og hvidløg.

3. Gulerødderne skæres i mindre stykker og tilsættes.

4. Efter 20 min tilsættes champignon skåret i skiver.

Fortsættes næste side...

5. Derefter fløden under omrøring og lad det småsimre i ca. 45 min.

6. Kom til sidst ærterne i og lade det blive gennemvarmt.

7. Ragouten hældes i en skål og pyntes med bacon.

Servering: Med kartoffelmos.

Æblegrød

Antal personer 4.

Ingredienser:

- 800 g æbler
- 5 dl vand
- 150 g sukker
- Vaniljesukker

Sådan gør du:

1. Æblerne vaskes, skrælles, kernehuset fjernes og æblerne snittes i små stykker.

2. Æblerne sættes over med vandet.

3. De dampes møre over svag varme og smages til med sukker og vaniljesukker.

Servering: Mælk eller fløde.